DE L'ASSASSINAT

DE MONSEIGNEUR

LE DUC D'ENGHIEN,

ET

DE LA JUSTIFICATION

DE M. DE CAULAINCOURT.

TROISIÈME ÉDITION,

CORRIGÉE ET AUGMENTÉE.

Quand un maître au sujet prescrit des attentats,
On présente sa tête et l'on n'obéit pas.

Prix : 2 francs.

A ORLÉANS,

ET SE TROUVE A PARIS,

CHEZ LES MARCHANDS DE NOUVEAUTÉS.

1814.

DE L'ASSASSINAT

DE

Mgr LE DUC D'ENGHIEN.

ET

DE LA JUSTIFICATION

DE M. DE CAULAINCOURT.

On n'auroit jamais imaginé que M. de Caulincourt chercheroit à se justifier de la part que le public lui a attribuée dans l'arrestation de M. le duc d'Enghien ; mais l'audace de ce misérable surpasse même l'idée qu'on pouvoit s'en former. On a inséré officieusement en sa faveur un plaidoyer dans les journaux. S'il eût existé quelque liberté, les rédacteurs de ces feuilles auroient sans doute repoussé avec mépris cette honteuse apologie. Mais ils ont assez montré qu'ils ne vouloient pas qu'on la leur attribuât ; et pour que le public ne s'y trompât point et ne regardât pas cette production comme leur ouvrage, ils ont eu soin de mettre en titre : Article

COMMUNIQUÉ. C'est ainsi qu'on a pu voir la violence qu'on leur faisoit. Et en effet, la liberté de la presse n'existe plus ; on n'en a joui que pendant huit jours. Il faut le dire : ce ne peuvent être les intérêts de la maison de Bourbon qui guident dans les mesures qu'on prend pour enchaîner la pensée. Les gens de lettres n'ont-ils pas tous montré à l'Europe qu'ils partageoient l'enthousiasme universel qu'inspire le rétablissement de cette illustre maison sur le trône de France ? Il n'a pas été écrit une ligne, soit dans les journaux, soit dans les nombreuses brochures qui ont paru, qui ait pu rendre leur opinion tant soit peu douteuse.

Cependant, la presse est aujourd'hui plus sévèrement comprimée qu'elle ne l'étoit sous Buonaparte même. La censure étoit du moins confiée à des hommes connus par des ouvrages marqués au coin d'un véritale talent, et non à des aigrefins dont on ne connaît que les intrigues, qui courent après des places, et sur tout après de l'argent. C'est en vain que la nouvelle constitution a proclamé le droit d'écrire librement ; c'est en vain que le sénat a fait des atteintes portées à la liberté de la presse, un des principaux chefs d'accusation contre Buonaparte (1), il semble qu'on veuille déjà préparer celui de S. A. R. MONSIEUR, lieutenant-général du royaume. Quel objet ont donc les violences que les gens de lettres éprouvent? Les brochures clandestines ne manquent point: y en a-t-il une seule contre la maison de Bourbon? une seule en faveur de l'affreux tyran que nous avons chassé? Les circonstances politiques sont changées depuis vingt-cinq ans; et elles sont telles aujourd'hui qu'on ne peut, sans se mettre en opposition avec l'opinion publique, donner des entraves arbitraires à la presse. La liberté d'écrire est réclamée de toutes parts: le sénat et M. de Chateaubriand; le sénateur Grégoire (2) et M. de

---

(1) Considérant que la liberté de la presse, établie et consacrée comme l'un des droits de la nation, a été constamment soumise à la censure arbitraire de sa police, et qu'en même temps il s'est toujours servi de la presse pour remplir la France et l'Europe de faits controuvés, de maximes fausses, de doctrines favorables au despotisme et d'outrages contre les gouvernemens étrangers. (*Sénatus-consulte, du 3 avril 1814.*)

(2) Parmi de fort bons articles, celui qui concerne la liberté de la presse suggère quelques remarques. Quand on eut fait la Constitution de l'an 3, on se hâta de la mettre sous le scellé, sous prétexte que l'état de la France ne comportoit pas encore l'application de ce régime. Quand on eut fait la Constitution de l'an 8, la liberté de la presse, qui étoit presque

Ferand, homme plus vertueux encore qu'écrivain éloquent; en un mot, les gens de

---

entière, fut restreinte successivement par des réglemens qui seroient ridicules, s'ils n'étoient tortionnaires. Dans ces derniers temps, des billets de visite étoient à-peu-près la seule chose qu'on pût imprimer sans passer sous le ciseau de la censure, qui, trouvant partout des allusions contre la tyrannie, auroit fini, je crois, par la proscription de l'Evangile. Le recueil des anecdotes relatives à cet objet fourniroit un tableau piquant. La liberté de la presse n'existoit plus que pour le Gouvernement qui, dans ses gazettes dégoûtantes d'adulation envers le chef de l'Etat, insultoit périodiquement les puissances étrangères, et diffamoit les particuliers qui lui déplaisoient (1).

Sénateurs, vous venez de proclamer la liberté de la presse, et le lendemain la censure est rétablie. Se joue-t-on des principes et du public? Je sais de quels prétextes on colore cette mesure. En ce moment où commence une réaction nouvelle, de vils et lâches pamphlétaires vont de toutes parts répandre leur venin, les outrages et les impostures. Si c'est une capitation imposée par les méchans, je pourrois, certes, me plaindre d'avoir été autrefois surtaxé; mais je n'en soutiendrai pas moins que la liberté de la presse doit être non seulement respectée, mais garantie; qu'une loi répressive des délits résultant de cette liberté ne peut frapper que ceux qu'on a commis, et non ceux que l'on commettra. Quand un homme injurie ou calomnie, la loi vient au secours de la morale pour venger l'honneur du citoyen qui invoque son appui; mais il seroit absurde qu'elle défendît de parler, de peur qu'on ne parlât mal. Il en est de même des lois sur la presse; elles ne peuvent atteindre que ce qui est publié, et non ce que l'on publiera. Vouloir établir une censure sur des écrits qui n'ont point vu le jour, c'est cadenasser la bouche, de peur qu'on n'abuse de la parole. (*De la Constitution de l'an* 1814, *par* M. Grégoire, *p.* 17, 18 *et* 19.)

(1) *Voyez* p. 46, note (1), concernant le chef de la *police-littéraire* de Savary, Etienne.

lettres la réclament hautement. Cette liberté est appelée par un sentiment universel qu'il seroit aussi dangereux qu'inutile de vouloir comprimer. Que nous dit-on? qu'il n'existe point encore de lois répressives? Qu'on prenne la peine d'ouvrir le code pénal, et l'on se convaincra qu'il existe des lois contre les abus de la presse; il faut le dire même, elles sont trop sévères : mais, comme tous les tyrans, ceux qui les ont faites craignoient les gens de lettres et cherchoient les moyens de briser toutes les plumes; aussi Buonaparte et les siens en étaient-ils réduits à commander et à payer la louange. Nous avions l'air de bénir nos fers. On vient de nous en garotter de nouveau. Et quel prétexte, bon Dieu! Les journaux ont-ils osé parler de faits que personne n'ignore plus, de brochures que tout le monde a lues? La nouvelle constitution est l'objet du mépris de tous les Français: elle a été brûlée dans le Midi; à Bordeaux, en plein théâtre; à Nantes, par la main du bourreau. On ne sait ces choses que par des voyageurs et des lettres particulières; aucun journal n'a osé en parler. Pourquoi donc vouloir enchaîner l'opinion, imposer silence sur la manifestation du vœu de la France entière, pour que cet acte éprouve de grandes modifications (1)? Est-ce donc un crime que de s'opposer à ce que cent vingt sénateurs entrent en masse dans la chambre des pairs, et se gratifient héréditairement de 80,000 fr. de rentes? La charte constitutionnelle doit-elle s'occuper des intérêts particuliers, et contenir autre chose que des principes généraux? La nation française verra sans doute avec plaisir que le Roi appelle à la pairie quelques sénateurs honorables, mais on doit y appeler aussi les membres non dégénérés (2) de ces anciennes et

---

(1) M. le duc de Brancas a fait une protestation contre cette prétendue constitution, et l'a adressée à M. le duc d'Uzès. (*Voyez* cette protestation ci-après, p. 49.)

(2) Nous disons non dégénérés, car il faut en repousser nommément ce duc de Choiseul-Praslin, qui aujourd'hui prend l'initiative sur tout ce qui tend à honorer la Maison de Bourbon; il se montre le plus ardent, le plus zélé des Français pour nos souverains légitimes. Sans doute c'est à lui que nous devons la noble idée de relever la statue de Henri IV; aucun Français n'y pensoit!!! Quelles actions de grâces ne lui doit-on pas! C'est encore M. de Praslin qu'on voit à la tête de la députation du département de Seine et Marne! On n'entend parler que de lui. Cependant, c'étoit cet homme qui le 31 mars se portoit dans les groupes, forçoit à ôter la cocarde blanche, et s'opposoit à ce qu'on criât *Vive le Roi! Vivent les Bourbons!* « Vous n'êtes que des » individus, disoit-il; ce n'est pas là le sentiment général.... Otez » vos cocardes; nous ne devons faire des vœux que pour l'Em-

illustres familles que les Français ont toujours respectées. Laissons, comme on l'a dit, à ces grandes familles, qui ont vieilli avec l'arbre de notre monarchie, le droit de réfléchir l'éclat du diadême. Qu'on y appelle encore ces maréchaux, ces généraux, ces grands capitaines, dont les revers de la dernière campagne n'ont point flétri les lauriers, et qui sont toujours l'honneur et l'orgueil de la nation, comme ils en seroient encore au

---

» pereur ... Vous feriez mieux d'aller aux barrières relever les » blessés.... Nous avons un ordre de choses établi, nous devons » nous y attacher; je ne vois que cela, moi.... » Voilà le langage qu'il tenoit dans les groupes à la place Louis XV. MM. Charles Lacretelle, Gaston de Vauvineux, Christian Royou, de Ladevèse, de Forbin, Nicolle, les frères Mame, le Normant fils, et beaucoup d'autres royalistes peuvent attester ce que nous disons ici. On avoit envoyé aux journaux la lettre qui suit, et que nous tenons de l'auteur qui en a distribué un grand nombre de copies; mais les journaux n'osèrent se permettre de l'insérer, et le public ne la connoît point encore.

« Monsieur,

» C'est M. de Choiseul-Praslin qui a fait l'adresse qu'on » lit sur tous les murs de Paris, pour le rétablissement de la » statue de Henri IV : nous le félicitons de tout notre cœur » d'un écrit qui respire l'attachement le plus pur aux descen» dans de ce grand et bon prince. On aime à voir des hommes » qui, le 31 mars, persécutoient les porteurs de la cocarde » royale, revenir en quinze jours aux mêmes sentimens : ce » sont des PAUL convertis, qui bientôt de viendront des apôtres.

Signé MARGUERIT.

besoin les plus fermes soutiens. Le Français ne souffrira jamais qu'on l'avilisse, et ce seroit une honte pour la nation si les hommes dégradés qui sont dans le sénat parvenoient à la pairie (1). Eh ! de quel droit imposent-ils au Roi l'obligation de les y placer ? On a peine à croire à cet excès d'audace et de cupidité.

S'ils ont un peu réparé leurs longues fautes, c'est que le mouvement spontané qui s'est opéré dans Paris, les a laissés sans crainte.

Honneur au conseil municipal de Paris. Voilà le corps qui a montré du courage ! La France et l'Europe lui doivent peut-être leur salut. On n'oubliera point que c'est le premier avril même qu'a paru cette éloquente adresse qui électrisa tous les esprits. Et quelle force le tyran n'avait-il pas encore en

---

(1) M. le sénateur Fouché n'y prétend point, dit-on. Cependant quel est celui qui a plus noblement reconnu ses fautes, qui en a fait si souvent un aveu honorable, et qui saisit plus volontiers toutes les occasions de les réparer ? Il a reconquis l'estime publique :

Dieu fit du repentir la vertu des mortels.

M. Carnot mérite aussi une juste exception : les services qu'il a rendus sont infinis, comme les regrets publics qu'il a manifesté.

ce moment! C'est un devoir que de consigner ici les noms de ces hommes qui ont rendu à l'humanité le plus grand bienfait qu'elle pût espérer; la postérité, comme leurs contemporains, voudra les connaître et les honorer : BADENIER, BARTHELEMY, BELLART, BONNOMET, BOSCHERON, DELAITRE, GAUTHIER, D'HARCOURT (le marquis), DE LAMOIGNON, LEBEAU (président), DE MONTAMANT (secrétaire), PERIGNON, VIAL. Voilà les hommes auxquels nous devons une éternelle reconnaissance. Mais que devons-nous au sénat? Qu'a-t-il fait? Il a cédé au vœu public, comme il cédoit aux volontés de Buonaparte. Qu'il ose donc démentir, ce sénat si exigeant aujourd'hui, l'accusation que l'usurpateur lui-même a lancée contre lui du palais de Fontainebleau, le 4 avril 1814, au moment où il eut connoissance du *sénatus-consulte* qui contient les motifs de sa déchéance! « Le sénat s'est permis de disposer du gouvernement français ; il a oublié » qu'il doit à l'Empereur le pouvoir dont il » abuse maintenant ; que c'est lui qui a sauvé » une partie de ses membres de l'orage de la » révolution, tiré de l'obscurité et protégé » l'autre contre la haine de la nation. Le sé-

» nat se fonde sur les articles de la constitu-
» tion pour la renverser ; il ne rougit pas de
» faire des reproches à l'Empereur, sans
» remarquer que, comme premier corps de
» l'Etat, il a pris part à tous les évènemens.
» Il est allé si loin qu'il a osé accuser l'Empe-
» reur d'avoir changé des actes dans la pu-
» blication ; le Monde entier sait qu'il n'avoit
» pas besoin de tels artifices : UN SIGNE
» ÉTOIT UN ORDRE POUR LE SÉNAT, QUI
» TOUJOURS FAISOIT PLUS QU'ON NE DESI-
» ROIT DE LUI. » (1).

---

(1) Cette proclamation est peu connue ; et comme elle est le dernier acte du règne de Buonaparte, qui abdiqua huit jours après, nous croyons faire une chose agréable au public en la donnant ici tout entière.

ORDRE DU JOUR.

L'Empereur remercie l'armée pour l'attachement qu'elle lui témoigne, et principalement parce qu'elle reconnoît que la France est en lui, et non pas dans le peuple de la capitale. Le soldat suit la fortune et l'infortune de son général, son honneur et sa religion ; le duc de Raguse n'a pas inspiré ces sentimens à ses compagnons d'armes : il est passé aux alliés. L'Empereur ne peut approuver la condition sous laquelle il a fait cette démarche ; il ne peut accepter la vie ni la liberté de la merci d'un sujet. Le sénat s'est permis de disposer du gouvernement français, il a oublié qu'il doit à l'empereur le pouvoir dont il abuse maintenant ; que c'est lui qui a sauvé une partie de ses membres de l'orage de la révolution, tiré de l'obscurité et protégé l'autre contre la haine de la nation. Le sénat se fonde

Répondez maintenant, sénateurs ! Que pourroit-on jamais dire de plus fort contre vous ?

---

sur les articles de la constitution pour la renverser ; il ne rougit pas de faire des reproches à l'empereur, sans remarquer que, comme le premier corps de l'Etat, il a pris part à tous les événemens. Il est allé si loin qu'il a osé accuser l'empereur d'avoir changé des actes dans la publication ; le Monde entier sait qu'il n'avoit pas besoin de tels artifices : un signe étoit un ordre pour le sénat, qui toujours faisoit plus qu'on ne desiroit de lui. L'empereur a toujours été accessible aux sages remontrances de ses ministres, et il attendoit d'eux, dans cette circonstance, une justification la plus indéfinie des mesures qu'il avoit prises. Si l'enthousiasme s'est glissé dans les adresses et discours publics, alors l'empereur a été trompé ; mais ceux qui ont tenu ce langage doivent s'attribuer à eux-mêmes la suite funeste de leurs flatteries. Le sénat ne rougit pas de parler des libelles publiés contre les gouvernemens étrangers ; il oublie qu'ils furent rédigés dans son sein. Si long-temps que la fortune s'est montrée fidèle à leur souverain, ces hommes sont restés fidèles, et nulle plainte n'a été entendue sur les abus du pouvoir. Si l'empereur avoit méprisé les hommes, comme on le lui a reproché, alors le monde reconnoîtroit aujourd'hui qu'il a eu des raisons qui motivoient son mépris. Il tenoit sa dignité de Dieu et de la nation ; eux seuls pouvoient l'en priver. Il l'a toujours considérée comme un fardeau, et lorsqu'il l'accepta, ce fut dans la conviction que lui seul étoit à même de le porter dignement. Son bonheur paroissoit être sa destination. Aujourd'hui que la fortune s'est décidée contre lui, la volonté de la nation seule pourroit le persuader de rester plus long-temps sur le trône. S'il se doit considérer comme le seul obstacle à la paix, il fait volontiers le dernier sacrifice à la France, il a, en conséquence, envoyé le prince de la Moskwa, et les ducs de Vicence et de Tarente à Paris, pour entamer des négociations :

Après cette longue digression, qui ne m'a pas paru sans utilité, j'en reviens à la justification de M. de Caulaincourt. Elle n'a pas fait fortune dans le public, il est vrai; cependant, si elle avoit séduit quelques personnes, les pièces que nous allons rapporter suffiroient pour les tirer d'erreur. M. de Caulaincourt les connoissoit quand il a rendu sa défense publique; il étoit donc dans l'obligation de détruire ou d'expliquer les faits qu'elle renferme. S'il ne l'a pas fait, c'est impuissance de sa part, et son crime est démontré par là même.

Extrait d'une lettre de Strasbourg, du 25 ventose an XII.

Les réunions et menées des émigrés rassemblés sur nos frontières ont provoqué, à leur égard, des mesures dont on rapporte aujourd'hui les circonstances et les résultats qui suivent, et que je vous transmets, sans toutefois en garantir rigoureusement l'exactitude dans tous les points. C'est M. de Caulincourt, aide-de-camp du premier consul, qui en a dirigé l'exécution (1). Avant-hier au soir, il s'est fait ouvrir la porte d'Allemagne, et s'est rendu, avec le général Leval, commandant de la

---

l'armée peut être certaine que son honneur ne sera jamais en contradiction avec le bonheur de la France.

(1) Entendez-vous, M. de Caulaincourt?

5e division militaire, sur la rive droite du Rhin. Peu auparavant, un corps d'infanterie et une forte division du régiment de cavalerie qui se trouve en garnison dans notre ville, ainsi qu'une division de gendarmerie, avaient été placés sur les bords du Rhin. Dans la nuit, ils traversèrent ce fleuve et se portèrent, par Kehl, sur Offenbourg, qui fut aussitôt cerné par nos troupes. Leur commandant se fit indiquer, par l'officier de police badois, les demeures de ceux des émigrés français qui y résident, et dont on vouloit s'assurer. Ils furent mis aussitôt en état d'arrestation. On en a aussi arrêté à Kehl. Cette expédition a été dirigée avec le plus grand ordre, et exécutée avec une tranquillité et une prudence parfaites. On dit que les généraux Caulincourt et Leval se sont eux-mêmes rendus à Offenbourg : toutefois ils étaient déjà de retour ici avant midi. Pendant toute la matinée, le passage du Rhin a été fermé; personne ne traversoit le fleuve, même avec des passeports. Vers midi, la colonne d'Offenbourg rentra dans notre ville par la citadelle, après y avoir remis au commandant ses prisonniers, dont on porte le nombre à quinze; ils y sont provisoirement détenus. Parmi eux se trouve la baronne de Reich et l'abbé d'Eymar, ancien membre de l'assemblée constituante : il avait été employé, depuis son émigration, comme vicaire-général du cardinal de Rohan. On a aussi arrêté, mais par un mal-entendu, le directeur des postes de Kehl; il a ensuite été relâché hier dans l'après-midi.

Dans la même nuit, une colonne de nos troupes, composée d'infanterie, de cavalerie, d'artillerie et de gendarmerie, a passé aussi le Rhin à Rhinau, éloigné d'ici de six lieues, sur la route de Brisack. On assure que sa destination était de cerner la ville d'Ettenheim, et d'arrêter les conspirateurs qui s'y trouvent. On est positivement informé que Dumouriez y a séjourné pendant plus de quinze jours : on parle encore de plusieurs ex-princes français comme y étant arrivés depuis peu; mais l'issue de cette expédition n'est pas encore connue. Au reste, elle s'est faite du consentement de la cour de Bade; le conseiller badois était arrivé ici avant-hier, et ces jours derniers plusieurs courriers avaient été dépêchés de Carslruhe, et en étaient revenus. Kehl est déjà évacué par nos troupes, et la communication est rétablie depuis hier après-midi.

Hier matin, on a arrêté ici environ dix individus qu'on dit impliqués dans la cosnpiration. Parmi eux se trouvent le ci-devant comte de Toulouse-Lautrec, madame de Klingling, belle-sœur du général de ce nom, le curé d'Ernheim et autres, la plupart émigrés rentrés. On a aussi arrêté hier, vers midi, le général Desnoyers, qui avait présidé, il y a trois ans, le conseil de guerre qui avait acquitté les complices de Pichegru.

Madame Lajollais, le frère de l'ex-général Lajollais, Demongé et sa femme, ont été traduits à Paris, sous l'escorte de gendarmes. On assure que Chambé a été arrêté dans le Haut-Rhin.

(Une autre lettre de Strasbourg, datée aussi du 25 ventose, confirme les mêmes évènemens. Nous en transcrirons ce qui suit :)

« Le jour même de son arrivée à Strasbourg, le général Caulaincourt, aide-de-camp du premier consul, expédia un courier à Carlsruhe; le lendemain 23, ce courrier est revenu avec des dépêches, et peu après nous avons vu ici un délégué de la cour de Bade. On assure maintenant que le citoyen Caulaincourt avait demandé, au nom du premier consul, l'autorisation pour faire arrêter les émigrés et les conspirateurs rassemblés sur la rive droite (1). Cette autorisation a, dit-on, été donnée sur-le-champ.

« Hier matin, quelques mille hommes de nos troupes, infanterie, cavalerie, artillerie et gendarmerie, ont passé le Rhin sur trois points; savoir, à Rhinau, à Plobsheim et à Kehl, et ont enveloppé les deux principaux endroits où les criminels d'Etat séjournoient : Ettenheim, l'ancienne résidence du cardinal de Rohan, et Offenbourg. Le général Caulaincourt s'est lui-même rendu pour quelques heures dans cette dernière ville (2). On est informé qu'avant-hier le général Dumouriez et le duc d'Enghien se sont trouvés à Ettenheim. On apprendra aujourd'hui si on a pu se saisir de leurs personnes, car les troupes qui y ont été détachées doivent revenir ce matin. Si le bruit est fondé que le comte d'Artois et le prince de Condé se sont également trouvés à Ettenheim ou dans les environs, ils sont vraisemblablement aussi en notre pouvoir. La curiosité du public est à cet égard très-grande; aussi s'est-on porté hier en foule, sur les deux grandes routes de Brisack et de Kehl, pour avoir plus promptement des nouvelles de l'arrestation des conspirateurs. Jusqu'à hier midi, on avoit braqué des canons sur le côté opposé du pont du Rhin, et toute

(1) Entendez-vous, M. de Caulaincourt? (2) *Ibid.*

communication de l'une à l'autre rive avoit été sévèrement interdite : à présent le passage est libre.

(Gazette de France du 21 mars 1804.)

Strasbourg, 26 ventose.

On s'est saisi, à Ettenheim, d'une douzaine d'individus impliqués dans la conspiration. On compte parmi eux deux Anglais de distinction qui y avoient été envoyés par leur gouvernement. Il s'y trouve aussi un ancien colonel, nommé Dumontier; c'est la ressemblance de son nom avec celui du général Dumouriez, qui avoit fait croire que cet ex-général étoit à Ettenheim; mais on ne pense pas aujourd'hui qu'il y soit venu. Toutes ces personnes sont à présent enfermées dans la citadelle de Strasbourg. Elles ont été amenées ici sur des voitures escortées par de la gendarmerie et de la cavalerie; l'infanterie les suivoit à une petite distance. Elles ont subi hier leur premier interrogatoire à l'hôtel du conseiller d'Etat préfet du Bas-Rhin. On assure que le général Caulaincourt a été présent à ces interrogatoires (1). On attend des ordres du gouvernement sur la destination ultérieure des prisonniers.

Tous les papiers et la correspondance des individus arrêtés, tant à Offenbourg qu'à Ettenheim, ont été saisis et transportés dans notre ville. On a lieu de supposer que l'examen de ces pièces conduira à de nouvelles découvertes. Au reste, il n'y a plus de doute sur les projets de ces hommes dévoués à l'Angleterre. Ils devoient, si l'affreux complot tramé à Paris eût réussi,

---

(1) Entendez-vous, M. de Caulaincourt ?

s'introduire dans notre citadelle, et, après s'en être emparés, diriger toute l'artillerie qui s'y trouve contre la ville, pour empêcher nos concitoyens de les attaquer. On assure qu'un semblable projet devoit être exécuté contre plusieurs autres places frontières. Nous aurons des détails plus authentiques sur ces projets, lorsque le gouvernement publiera les pièces officielles de cette vaste conspiration. Les habitans d'Ettenheim et de la rive droite, en général, ont été d'abord un peu alarmés, parce qu'ils ignoroient le but de l'expédition; mais ils se sont bientôt rassurés, lorsqu'ils en ont eu connoissance.

(*La Clef du Cabinet* rapporte une autre lettre de Strasbourg, dont voici un extrait.)

« Le ci-devant duc d'Enghien, fils du ci-devant duc de » Bourbon, et petit-fils de l'ex-prince de Condé, se » trouve maintenant en état d'arrestation dans notre » citadelle. Le corps de troupes envoyé à Ettenheim, » l'y a arrêté avec plusieurs personnes de sa suite. » Tous sont, à ce qu'on assure, plus ou moins impli- » qués dans la conspiration. Cette opération a parfaite- » ment réussi comme celle d'Offenbourg. »

» Nos troupes ont passé le Rhin dans le silence de » la nuit, près de Rhinau, et se sont ensuite mises en » marche pour Ettenheim. Cet endroit a été enveloppé, » de manière que personne n'y pouvoit entrer ou » sortir. On n'y avoit aucune connoissance de notre » expédition. Cependant, lorsqu'un détachement entra » dans ce bourg, c'étoit vers le matin, il y eut quelque » bruit. On assure que le duc d'Enghien est sauté de » son lit; s'est armé à la hâte, et vouloit même tirer

» sur le commandant de la gendarmerie qui étoit » chargé de l'arrêter ; mais que son propre secrétaire » lui prit ses armes. Quoi qu'il en soit, il est certain » qu'il a été transporté ici sous bonne escorte. On dit » qu'ensuite il a vomi des imprécations contre Pi- » chegru.

» Le général Fririon, ancien chef de l'état-major de » l'armée du Rhin, a été chargé du commandement » de l'expédition d'Ettenheim. Les agens des conspira- » teurs étant répartis sur plusieurs points de la fron- » tière, il y a eu aussi beaucoup d'arrestations tout le » long du Rhin, depuis Huningue jusqu'à Cologne. »

(Journal des Débats, du 22 mars 1805.)

Strasbourg, 27 ventose an XII.

« Voici de nouveaux détails sur l'expédition d'Offenbourg. A peine nos troupes furent-elles en avant de Kehl, qu'elles occupèrent le pont de la Kintzig, près de l'endroit qui forme la principale communication entre Rastadt et Offenbourg; on établit des détachemens dans tous les villages entre Kehl et cette dernière ville. Arrivés devant Offenbourg, à deux heures du matin, nos troupes y entroient au moment où l'on en avoit ouvert la porte pour laisser entrer une voiture des environs. Les généraux se rendirent chez le prévôt de la ville, qui indiqua aux différens agens de la police les maisons dans lesquelles se trouvoient ceux qui devoient être arrêtés. Ces derniers furent conduits de suite dans la maison du prévôt. Lorsque toutes les arrestations furent faites, les troupes retournèrent avec leurs prisonniers, et repassèrent le Rhin dans la même matinée. Le général Ordener, commandant les grenadiers à cheval de la garde consulaire, *qui avoit* ACCOMPAGNÉ *le général Caulaincourt* (1), s'est rendu, à Ettenheim, avec le général Fririon (2).

» La plupart des prisonniers détenus dans notre citadelle seront transférés demain ou après-demain à Paris. Au nombre de ces prisonniers, se trouvent deux ci-devant lieutenans-généraux qui ont servi dans le corps de Condé, et plusieurs ecclésiastiques. On cite parmi ces derniers l'abbé de Weinborn, suffragant de l'ancien évêché de Strasbourg, l'abbé Michel, et quelques autres.

» L'arrestation de madame de Reich, qui eut lieu quelques jours avant l'expédition au-delà du Rhin, avoit donné l'éveil à quelques principaux émigrés qui se trouvoient sur nos frontières. Ils sont partis avec la plus grande précipitation, et se sont enfoncés dans l'intérieur de l'Allemagne. »

(Extr. du Journal des Débats, du 23 mars 1804).

Strasbourg, le 25 ventose an XII.

Avec l'agrément de S. A. l'électeur de Bade, on a fait hier, avant le jour, deux expéditions en Allemagne. L'une divisée, à ce qu'on assure, en deux

(1) ACCOMPAGNÉ, et non pas *précédé* d'un jour, entendez-vous, M. de Caulaincourt?

(2) On assure aujourd'hui, et c'est le bruit de tout Paris, que la famille du général Ordener possède la lettre de M. de Caulaincourt, par laquelle il donnoit ordre au général Ordener d'arrêter M. le duc d'Enghien.

corps, a passé le Rhin en bateau, en partie à Plobsheim, et en partie à Rhinau, et a occupé Ettenheim, Ettenheim-Munster et les contrées voisines, pour y arrêter des conspirateurs, et notamment Dumouriez et deux autres émigrés de marque. On ne sait pas encore si cette expédition a parfaitement réussi, parce que les troupes qui en étoient, et qui consistoient en cinq à six cents hommes, avec de l'artillerie, ne sont pas encore de retour..... *Le général Caulaincourt n'est pas allé à Carlsruhe* (1) *; il y a envoyé seulement un courrier, et s'étoit rendu lui-même avec les troupes sur la rive droite du Rhin.*

(Extr. de la Clef du Cabinet, du 20 mars 1804.)

Maintenant voici comment se justifie M. de Caulaincourt : voilà son apologie telle qu'elle a été mise dans les journaux de Paris les 26 et 27 avril 1814.

Justification de M. de Caulaincourt écrite par lui-même.

M. de CAULAINCOURT, aide-camp du premier consul, venoit d'être envoyé à Stras-

(1) Il devoit remettre lui-même la lettre de M. de Talleyrand (Voyez pag. 31); il se dispensa de remplir cette mission, et préféra diriger en personne les arrestations : on ne sauroit montrer plus de zèle; il en a été récompensé par dix années d'honneurs. Mais aujourd'hui à ces méprisables honneurs va succéder l'ignominie, et la honte s'attachera éternellement à son nom.

bourg, et s'y trouvoit lors de l'arrestation de M. le duc d'Enghien à Ettenheim. C'est sous ce prétexte et sur cet unique fondement que la malveillance et la légèreté s'acharnent depuis dix ans contre un homme d'honneur, en abusant de la situation qui le forçoit au silence.

Les uns ont dit qu'il avoit lui-même arrêté M. le duc d'Enghien; les autres, qu'il avoit expédié à Strasbourg les troupes chargées de l'arrêter; les moins malveillans, qu'il en avait seulement porté l'ordre (1). On lui a encore imputé d'avoir amené le prince de Strasbourg à Vincennes, et enfin d'avoir obtenu la place de grand-écuyer comme récompense d'un tel service.

Le général Ordener fut celui qui fit arrêter à Ettenheim M. le duc d'Enghien, et le déposa dans la citadelle de Strasbourg, il était parti de Paris un jour avant M. de Caulaincourt. Il n'y avoit point d'ordres à lui porter. Ils lui avoient été donnés avant son départ. Sa mission n'étoit pas de celles que l'on confie sans nécessité à plusieurs personnes; et s'il avoit dû être mis sous la direction de

(1) On a vu tout-à-l'heure que les deux derniers faits sont vrais.

quelqu'un, ce qu'il seroit absurde de supposer, ce n'auroit pas été sous la direction d'un officier moins âgé que lui, moins anciennement attaché à la personne du premier consul, sous lequel il avait fait toutes les campagnes d'Italie, et moins avant dans sa confiance.

On doit à la mémoire du général Ordener de rappeler que si, dans cette occurence, il regarda l'obéissance comme le devoir d'un militaire, il a souvent dit qu'il avoit été loin d'en prévoir les funestes suites, et on doit peut-être attribuer aux longs et vifs regrets qu'il en eut, l'anévrisme du cœur dont il est mort subitement à Compiègne (1).

On pouvoit si peu prévoir ces suites, que M. le duc d'Enghien ne fut conduit à Vincennes que sur un ordre transmis par le télégraphe, il ne le fut que par la gendarme-

(1) La différence entre les honneurs accordés à M. de Caulaincourt et au général Ordener, explique la différenee des services, et montre assez à qui Buonaparte se croyoit redevable du succès de l'expédition d'Ettenheim. M. de Caulaincourt fut nommé, en 1805, grand officier de la légion d'honneur, et le général Ordener resta simple commandant de cet ordre. Tous deux avoient le grade de général de division. La nature seule des services de l'un et de l'autre, a pu faire mettre cette inégalité dans les récompenses.

rie ; et quand M. de Caulaincourt revint de Strasbourg à Paris, il y avoit déjà plusieurs jours qu'on y pleuroit la mort du prince.

Ceux qui font à M. de Caulaincourt un sujet d'accusation de ce qu'il a été grand-écuyer, ignorent que le général Duroc et lui, avoient, sous le consulat, rempli, pendant plusieurs années, en qualité d'aides-de-camp, les fonctions des places dont les titres leur furent donnés lorsqu'on passa du consulat à l'empire.

La mission de M. de Caulaincourt avoit deux objets : l'un étoit de presser le départ de la flotille que le premier consul y faisoit construire, comme il en faisoit construire partout pour son expédition projetée contre l'Angleterre ; l'autre se rapportoit à des intelligences que M. Drake, alors ministre d'Angleterre à Stuttgard, pratiquoit ou cherchoit à pratiquer à Offenbourg et en France, pour exciter des troubles.

Ces faits sont constatés par l'ordre qui motiva le départ de M. de Caulaincourt, et dont l'original est heureusement resté entre ses mains (1), ainsi que la correspondance relative à ces objets.

(1) Comment M. de Caulaincourt peut-il trouver quelque

La fausseté des imputations dont on l'a noirci étoit bien connue des personnes qui appartenoit alors de plus près au premier consul, et qui ont daigné le justifier aussi souvent et autant que leur propre situation le leur a permis.

Elle est connue des personnes qui habitoient, avec M. le duc d'Enghien, le château d'Ettenheim, et qui vivent encore.

Elle est connue des personnes avec lesquelles M. de Caulaincourt eut à s'occuper des détails de la mission qui l'avoit conduit à Strasbourg.

Enfin elle a été hautement et noblement reconnue par ceux qui, n'ayant pu rester étrangers à cette déplorable affaire, savent mieux que personne qu'il n'y avoit été pour rien (1).

Il y a pris part uniquement par la douleur qu'il en a ressentie avec toute la France, et

---

chose d'heureux pour lui dans cette affaire? quand l'ordre qu'il produit seroit autre chose qu'un argument communiqué, un acte de complaisance obtenu d'hier, résulte-t-il de cet acte qu'il a été étranger à l'arrestation de M. le duc d'Enghien? ses instructions, pour une semblable mission, devoient-elles être données par le ministre de la guerre? n'étoit-ce pas plutôt par le ministre de la police?

(1) Pour rien!... quelle hardiesse!

par les cruels chagrins qu'elle lui a causés. Pendant dix ans il n'a pu opposer à la calomnie que la notoriété d'une vie sans reproche. Une seule fois il a dû s'expliquer ; ce fut avec un grand souverain, plutôt pour répondre à son honorable confiance que pour dissiper des doutes que ce prince n'avoit pas, comme le prouvent les lettres ci-jointes :

Paris, le 21 ventose an XII.

Le ministre de la guerre au Cit. Caulaincourt.

Le premier consul ordonne au citoyen Caulaincourt, son aide-camp, de se rendre en poste à Strasbourg.

Il y accélérera la construction et la mise à à l'eau des bâtimens légers qu'on y reconstruit pour la marine.

Il prendra des renseignemens près du préfet et du citoyen Méhée (1), pour faire arrê-

---

(1) M. Méhée a aussi une justification toute prête ; il l'a aussi proposée aux journaux ; mais la police n'a pas permis qu'elle fût publiée. M. Méhée et M. de Caulaincourt sont deux hommes également honnêtes ; ils étaient faits pour se trouver dans la même affaire et au service du même homme. Pourquoi l'un obtient-il la permission de se justifier par la voie des journaux, tandis qu'on la refuse à l'autre ? Pourquoi deux poids et deux mesures ? La lettre de M. Mehée étoit une véritable parodie de la justification de M. de Caulaincourt, et

ter les agens du gouvernement anglais qui sont à Weissembourg et à Offenbourg, notamment la baronne de Reich, si elle n'est pas déjà arrêtée.

Le chef de bataillon Rosey, envoyé près des ministres anglais, et qui a toute leur confiance, lui donnera tous les renseignemens nécessaires sur les complots formés contre la tranquillité de l'Etat et la sûreté du premier consul.

Le citoyen Caulaincourt fera connoître aux baillis des villes de la rive droite, qu'ils peuvent s'attirer de grands malheurs en donnant asile aux personnes qui cherchent à troubler la tranquillité en France, et il se concertera avec le général commandant la 5e division militaire, pour employer, au besoin, une force suffisante pour l'exécution du présent ordre.

Il rendra un compte particulier au pre-

---

elle n'a pu être retenue que par un protecteur de ce grand coupable. Il eût été assez curieux de voir comment M. Mehée osoit se dire étranger à *l'Alliance des jacobins de France avec le ministre anglais*, ouvrage atroce, écrit d'un ton railleur, et dans lequel cet homme, ou plutôt ce monstre, fait assez voir qu'il a été capable de tous les crimes qu'on lui a imputés.

mier consul, du résultat de la mission du chef de bataillon Rosey (1).

Le ministre de la guerre, A. BERTHIER.

Saint-Pétersbourg, le 14-2 avril 1808.

Copie d'une lettre de M. Caulaincourt, à S. M. l'Empereur de Russies.

SIRE,

Les renseignemens que V. M. a reçus des bords du Rhin, m'ont justifié de l'odieuse calomnie qui pèse sur moi depuis trois ans. Il est des détails que V. M. peut ne pas connoître. Je dois à la confiance dont elle daigne m'honorer de les mettre sous ses yeux. Ils la convaincront à quel point je suis étranger à l'arrestation de M. le duc d'Enghien.

Envoyé par le premier consul à Strasbourg, presqu'en même temps que le général Ordener, le public a confondu nos missions. Ce général étoit chargé de se rendre à Ettenheim pour y enlever M. le duc d'Enghien; l'ordre et les pièces que je mets sous les yeux

(1) Ce Rosey étoit adjudant-major, capitaine au 9e. régiment d'infanterie de ligne. Mehée, Caulaincourt, Rosey! quelle agrégation! M. d'Argenson disoit judicieusement : *Donnez-moi d'honnêtes gens qui veuillent faire ce métier!*

de Votre Majesté lui prouveront combien ma mission étoit différente de la sienne, et que par conséquent je n'ai été ni pu être en rien dans cette malheureuse affaire.

Je suis de Votre Majesté Impériale, etc.

Signé CAULAINCOURT.

Copie de la réponse de l'empereur Alexandre à M. Caulaincourt, ambassadeur de France.

Je savois, général, par mes ministres en Allemagne, combien vous étiez étranger à l'horrible affaire dont vous me parlez. Les pièces que vous me communiquez ne peuvent qu'ajouter à cette conviction. J'aime à vous le dire, et à vous assurer encore de l'estime sincère que je vous porte.

ALEXANDRE.

Pétersbourg, 4 avril 1808.

Après ces explications, M. de Caulaincourt a-t-il pu se croire lavé devant le public? a-t-il pu penser que ces hommes à longue mémoire, qui ont toute la révolution dans la tête, avoient totalement oublié, non ce qui lui est personnel, mais ce qui est relatif à l'assassinat du dernier descendant du Grand-

Condé, de ce jeune héros dont la mort funeste jeta l'Europe entière dans la consternation? M. de Caulaincourt, vous n'avez pas répondu même à de simples articles de journaux qui vous confondent; répondez-donc à cette lettre qui vous accablera.

Lettre du ministre des relations extérieures, à M. le baron d'Edelsheim, ministre d'Etat à Calsruhe.

Paris, le 11 mars 1804.

Monsieur le baron, je vous avois envoyé une note dont le contenu tendoit à requérir l'arrestation du comité d'émigrés français siégeant à Offenbourg, lorsque le premier consul, par l'arrestation successive des brigands envoyés en France par le gouvernement anglais, comme par la marche et les résultats des procès qui sont instruits ici, reçut connoissance de toute la part que les agens anglais, à Offenbourg, avoient aux terribles complots tramés contre sa personne et contre la sûreté de la France. Il a appris de même que le duc d'Enghien et le général Dumouriez se trouvoient à Ettenheim; et comme il est impossible qu'ils se trouvent en cette ville sans la permission de S. A. Electorale, le premier consul n'a pu voir, sans la plus profonde douleur, qu'un prince auquel il lui avoit plu de faire éprouver les effets les plus signalés de son amitié avec la France, pût donner un asile à ses ennemis les plus cruels, et leur laissât ourdir tranquillement des conspirations aussi inouïes.

En cette occasion si extraordinaire, le premier consul

a cru devoir donner à deux petits détachemens l'ordre de se rendre à Offenbourg et à Ettenheim pour y saisir les instigateurs d'un crime qui, par sa nature, met hors du droit des gens tous ceux qui manifestement y ont pris part. C'EST LE GÉNÉRAL CAULAINCOURT QUI, A CET ÉGARD, EST CHARGÉ DES ORDRES DU PREMIER CONSUL (1). Vous ne pouvez pas douter qu'en les exécutant, il n'observe tous les égards que S. A. peut désirer. Il aura l'honneur de remettre à votre excellence la lettre que je suis chargé de lui écrire.

Recevez, monsieur le baron, l'assurance de ma haute estime.

Signé Ch. M. TALLEYRAND.

(*Extr. de la Gazette de Leyde. — Avril* 1804.)

Sans doute M. de Talleyrand a pu et dû croire que vous seriez assez généreux pour faire avertir M. le duc d'Enghien, et vous mettre par là dans l'impuissance de remplir cette horrible mission : quel Français ne l'eût pas fait à votre place! c'étoit même servir l'usurpateur que de lui épargner un si grand crime. Allez, M. de Caulaincourt, l'atrocité de votre ame est connue. Vous avez, quoique vous en disiez, joui plus de dix ans des honneurs de votre effroyable conduite, c'est

(1) M. de Caulaincourt ne craint pas d'assurer qu'il n'a été et n'a pu être rien dans cette affaire. Cela est hardi; il croyait sans doute que cette lettre ne seroit jamais connue du public.

assez. Cherchez maintenant la plus profonde retraite pour vous y ensevelir, et pour y pleurer à jamais le malheur irréparable d'avoir éteint la branche du Grand-Condé.

Paris, 1er germinal.

COMMISSION MILITAIRE SPÉCIALE,

JUGEMENT.

Au nom du peuple français.

Cejourd'hui 30 ventose an XII de la république, la commission militaire spéciale, formée dans la première division militaire, en vertu de l'arrêté du gouvernement, en date du 29 ventose an 12, composée, d'après la loi du 19 fructidor an 5, de sept membres; savoir: Les CC. Hulin, général de brigade, commandant les grenadiers à pied de la garde, président; Guiton, colonel, commandant le premier régiment de cuirassiers; Bazancourt, colonel, commandant le quatrième régiment d'infanterie légère; Ravier, colonel, commandant le dix-huitième régiment d'infanterie de ligne; Barrois, colonel, commandant le quatre-vingt-seizième régiment d'infanterie de ligne; Rabbe, colonel, commandant le deuxième régiment de la garde municipale de Paris; d'Autancourt, capitaine-major de la gendarmerie d'élite, faisant les fonctions de capitaine-rapporteur; Molin, capitaine au dix-huitième régiment d'infanterie de ligne, greffier; tous nommés par le général en chef Murat, gouverneur de Paris, et commandant la première division militaire; lesquels président, membres, rapporteur et greffier, ne sont ni parens, ni alliés entr'eux, ni du prévenu, au degré prohibé par la loi (1).

La commission convoquée par l'ordre du général en chef, gouverneur de Paris, s'est réunie dans le château de Vincennes, dans le logement du commandant de la place, à l'effet de juger le nommé Louis-Antoine-Henri de Bourbon, duc d'Enghein, né à Chantilly, le 2 août 1772, taille d'un mètre 705 millimètres, cheveux et sourcils châtain-clair, figure ovale, longue, bien faite, yeux gris tirant sur le brun, bouche moyenne, nez aquilin, menton un peu pointu, bien fait : accusé, 1° d'avoir porté les armes contre la république française; 2° d'avoir offert ses services au gouvernement anglais, ennemi du peuple français; 3° d'avoir reçu et accrédité près de lui les agens dudit gouvernement anglais, de leur avoir procuré des moyens de pratiquer des intelligences en France, et d'avoir conspiré avec eux contre la sûreté intérieure et extérieure de l'état; 4° de s'être mis à la tête d'un rassemblement d'émigrés français et autres, soldé par l'Angleterre, formé sur les frontières de la France, dans les pays de Fribourg et de Baden; 5° d'avoir pratiqué des intelligences dans la place de Strasbourg, tendantes à faire soulever les départemens circonvoisins; 6° d'être l'un des fauteurs et complices de la conspiration tramée par les Anglais, contre les jours du premier consul, et devant, en cas de succès de cette conspiration, entrer en France.

La séance ayant été ouverte, le président a ordonné au rapporteur de donner lecture de toutes les pièces, tant celles à charge que celles à décharge. Cette lecture

(1) Les misérables!

terminée, le président a ordonné à la garde d'amener l'accusé, lequel a été introduit, libre et sans fers, devant la commission. Interrogé de ses nom, prénoms, âge, lieux de naissance et domicile, a répondu se nommer Louis-Antoine-Henri de Bourbon, duc d'Enghien, âgé de 32 ans, né à Chantilly près Paris, ayant quitté la France depuis le 16 juillet 1789.

Après avoir fait prêter interrogatoire à l'accusé par l'organe du président, sur tout le contenu de l'accusation dirigée contre lui; ouï le rapporteur en son rapport et ses conclusions et l'accusé dans ses moyens de défense; après que celui-ci a eu déclaré n'avoir plus rien à ajouter peur sa justification, le président a demandé aux membres s'ils avaient quelques observations à faire. Sur leur réponse négative, et avant d'aller aux opinions, il a ordonné à l'accusé de se retirer. L'accusé a été reconduit à la prison par son escorte; et le rapporteur, le greffier, ainsi que les citoyens assistans dans l'auditoire, se sont retirés sur l'invitation du président.

La commission délibérant à huis-clos, le président a posé les questions ainsi qu'il suit: Louis-Antoine-Henri de Bourbon, duc d'Enghien, accusé, 1° d'avoir porté les armes contre la république française, est-il coupable? 2° d'avoir offert ses services au gouvernement anglais ennemi du peuple français, est-il coupable? 3° d'avoir reçu et accrédité près de lui les agens dudit gouvernement anglais; de leur avoir procuré des moyens de pratiquer des intelligences en France, et d'avoir conspiré avec eux contre la sûreté extérieure et intérieure de l'Etat, est-il coupable? 4° de s'être mis à la tête d'un rassemblement d'émigrés français et autres, soldé par l'Angleterre, formé sur les frontières de la France, dans les pays de Fribourg et de Baden, est-il coupable ? 5° d'avoir pratiqué des intelligences dans la place de Strasbourg, tendantes à faire soulever les départemens circonvoisins, pour y opérer une diversion favorable à l'Angleterre, est-il coupable ? 6° d'être l'un des fauteurs et complices de la conspiration tramée par les Anglais contre la vie du premier consul, et devant, en cas de succès de cette conspiration, entrer en France, est-il coupable ?

Les voix recueillies séparément sur chacune des questions ci-dessus, commençant par le moins ancien en grade, le président ayant émis son opinion le dernier; la commission déclare le nommé Louis-Antoine-Henri de Bourbon, duc d'Enghien, 1° à l'unanimité, coupable d'avoir porté les armes contre la république française; 2° à l'unanimité, coupable d'avoir offert ses services au gouvernement anglais, ennemi du peuple français; 3° à l'unanimité, coupable d'avoir reçu et accrédité près de lui des agens dudit gouvernement anglais, de leur avoir procuré des moyens d'intelligence en France, et d'avoir conspiré avec eux contre la sûreté extérieure et intérieure de l'Etat; 4° à l'unanimité, coupable de s'être mis à la tête d'un rassemblement d'émigrés français et autres, soldé par l'Angleterre, formé sur les frontières de la France dans les pays de Fribourg et de Baden; 5° à l'unanimité, coupable d'avoir pratiqué des intelligences dans la place de Strasbourg, tendantes à faire soulever les départemens circonvoisins, pour y opérer une diversion favorable à l'Angleterre; 6° à l'unanimité coupable d'être l'un des fauteurs et complices de la conspiration tramée par les Anglais contre la vie du premier consul, et devant, en cas de succès de cette conspiration, entrer en France.

Sur ce, le président a posé la question relative à l'application de la peine; les voix recueillies de nouveau dans la forme ci-dessus indiquée; la commission militaire spéciale condamne à l'unanimité, à la peine de mort, le nommé Louis-Antoine-Henri de Bourbon, duc d'Enghein, en réparation des crimes d'espionnage, de correspondance avec les ennemis de la république, d'attentat contre la sûreté extérieure et intérieure de la république. Ladite peine prononcée en conformité des articles II, titre IV du Code militaire des délits et des peines, du 21 brumaire an 5, 1er et 2e, section 2e du titre Ier du Code pénal ordinaire, du 6 octobre 1791, ainsi conçus, savoir :

Art. II. (du 21 brumaire an 5) « Tout individu, quel » que soit son état, qualité ou profession, convaincu » d'espionnage pour l'ennemi, sera puni de mort. » Art. Ier « Tout complot et attentat contre la république, » seront punis de mort. » Article II. (du 6 octobre 1791.) « Toute conspiration et complot, tendant à » troubler l'Etat par une guerre civile, en armant les » citoyens les uns contre les autres, ou contre l'auto- » rité légitime, seront punis de mort. »

Enjoint au capitaine-rapporteur de lire de suite le présent jugement en présence de la garde assemblée, sous les armes, au condamné. Ordonne qu'il en sera envoyé, dans les délais prescrits par la loi, à la diligence du président et du rapporteur, une expédition, tant au ministre de la guerre, qu'au grand-juge ministre de la justice, et au général en chef, gouverneur de Paris.

Fait, clos et jugé sans désemparer, les jour, mois et an dits, en séance publique; et les membres de la commission militaire spéciale ont signé, avec le rapporteur et le greffier, la minute du jugement.

Signés Guiton, Bazancourt, Ravier, Barrois, Rabbe, d'Autancourt, capitaine rapporteur; Molin, capitaine-greffier, et Hulin, président.

ANECDOTES

SUR

L'ARRESTATION ET LA MORT DE M. LE DUC D'ENGHIEN.

Monseigneur le duc d'Enghien vivoit retiré depuis trois ans à Ettenheim, où des affaires de famille l'avoient appelé; il y demeuroit dans une propriété qu'il avoit acquise; il y étoit établi avec l'agrément de l'électeur de Bade, et du consentement de Buonaparte, qui en avoit été instruit par l'électeur.

Le 15 mars 1804, le général Ordener se rendit à Ettenheim avec le général Fririon; ils y arrivèrent le soir. Le duc d'Enghien était à peine couché qu'on l'avertit qu'on entendoit du bruit autour de sa maison; il saute de son lit, en chemise, saisit son fusil; un de ses valets de pied en prend un autre; ils ouvrent la fenêtre. Le duc d'Enghien crie: *Qui va là?* et, sur la réponse impertinente d'un gendarme, ils alloient faire feu; mais le baron de Greinstein, son premier gentilhomme, lui arracha son arme, en lui disant que toute défense seroit inutile. Cependant il fit promettre au baron de Greinsteim, qui s'étoit couché tout habillé, que si l'on demandoit le duc d'Enghien, il se nommeroit. Les armes sont déposées sur une table; le duc passe à la hâte un pantalon et une veste de chasse : il n'a pas le temps de mettre des bottes; on monte l'escalier, on entre le pistolet au poing, et on demande qui de vous est le duc d'Enghien? Le baron garde le silence; on renouvelle l'interpellation, même silence; le duc jeta un regard de mépris sur son premier gentilhomme, et dit aux gendarmes : « Si vous venez pour » l'arrêter, vous devez avoir son signalement; cher- » chez-le. » Ceux-ci, croyant parler à un des gens du duc, répondent : « Si nous l'avions, nous ne vous » ferions pas de questions. Puisque vous ne voulez pas » le désigner, marchez tous (1) »..... Ils passent sous les fenêtres de la princesse de Rohan, qui voit le prince partir à pied et en pantouffles : on fait halte dans un moulin; là, se trouve le bourgmestre d'Ettenheim; on le somme de dire les noms des personnes arrêtées; il nomme ceux qu'on lui désigne, et le duc fut le troisième reconnu; il demanda à envoyer son valet de chambre lui chercher du linge, des habits et de l'argent, on le lui accorda. Au retour du valet de chambre, et après avoir mis des bottes, on se rend vers le Rhin; il le passa à Koppel. Arrivé à Rhinau, des voitures les attendoient. On voulut placer à côté du prince son premier gentilhomme, il s'y refusa, et demanda le fidèle et brave valet de pied, qui seul avoit voulu le défendre. Arrivé à Strasbourg, il fut interrogé sur les motifs de son séjour à Ettenheim; il répondit qu'il s'y étoit fixé à cause de son attachement pour la princesse de Rohan, qui avait son habitation dans cette ville. On le conduisit avec tous les émigrés pris à Ettenheim, dans la citadelle de Strasbourg. Le 18 mars, de grand matin, les portes de sa prison s'ouvrent;

---

(1) M. le duc d'Enghien fut saisi au corps par un maréchal-des-logis de gendarmerie, nommé Pferdorff, qui était encore dernièrement capitaine du même corps, en résidence à Osnabruck.

des gendarmes entourent son lit, et le forcent de s'habiller à la hâte. Ses gens accourent; il sollicite la permission d'emmener son fidèle Joseph; on lui dit qu'il n'en aura pas besoin. Il demande quelle quantité de linge il peut emporter avec lui; on lui répond : une ou deux chemises. Alors le prince perdit tout espoir, et prévit bien le sort qui l'attendoit; il distribua à ses compagnons d'infortune tout l'argent qu'il avoit sur lui, il ne garda que quelques louis; il embrassa ses fidèles amis, et leur dit un éternel adieu. Les portes se refermèrent, et ils purent entendre résonner les chaînes dont on chargea les mains du duc. On court jour et nuit sans prendre le moindre rafraîchissement; on arrive le 20, à quatre heures et demie du soir, aux portes de la capitale, près la barrière Saint-Martin. Là, se trouve un courrier qui apporte l'ordre de filer le long des murs, et de gagner Vincennes. On y arrive sur les cinq heures. Harel, commandant de Vincennes, dit à sa femme : « Je ne sais quel est ce prisonnier, » mais voilà bien du monde pour s'assurer de sa per» sonne. » La femme de Harel reconnoît monseigneur le duc d'Enghien, et s'écrie avec émotion : « C'est » mon frère de lait! »

Le prince, exténué de besoin et de fatigue, prend à peine un léger repas. Pendant qu'il le prenoit, il pria qu'on voulût bien lui préparer pour le lendemain, à son réveil, un bain de pieds. Il se jette sur un mauvais lit disposé précipitamment dans une pièce à l'entresol, près d'une fenêtre dont deux carreaux étoient cassés; et, sur l'observation du prince, ils furent masqués avec une serviette. Il ne tarda pas à s'endormir profondément. On l'éveilla en sursaut vers les onze heures; on le conduisit dans une pièce du pavillon du milieu, faisant face au bois. C'est là que huit militaires, ou plutôt huit bourreaux, Guiton, Bazancourt, Ravier, Barrois, Rabbe, d'Autancourt, capitaine-rapporteur, Molin, capitaine-greffier, Hulin, président, dressent à la hâte une instruction criminelle. Le jugement, disons mieux, l'ordre d'égorger la victime, est porté vers les quatre heures; et à quatre heures et demie il est exécuté dans un des fossés du château.

Tout étoit calculé avec une précision perfide pour ensevelir cet attentat dans les ombres de la nuit, et pour en assurer l'exécution. La promptitude de l'enlèvement, la rapidité du voyage, avoient pour but d'étonner, d'affoiblir cet indomptable courage que le héros avoit si souvent déployé pendant dix années de combats et de gloire; mais le lâche espoir du tyran fut pleinement trompé : la fermeté du grand homme répondit à la valeur du guerrier; il parla avec la noblesse et la simplicité qui convenoient à son caractère et à sa vertu. Interrogé pourquoi il avoit porté les armes contre son pays, il répondit : « J'ai combattu avec ma famille » pour recouvrer l'héritage de mes ancêtres; mais depuis que la paix est faite, j'ai posé les armes, et j'ai » reconnu qu'il n'y avoit plus de rois en Europe. » Ses juges, frappés de tant d'intrépidité et d'innocence, hésitèrent un moment; ils écrivirent au tyran pour savoir sa résolution définitive. Celui-ci renvoie la lettre avec ces trois mots au bas : CONDAMNÉ A MORT.

Dans le conseil privé qui eut lieu au Tuileries pour décider du sort de ce jeune prince, Cambacérès opina pour lui sauver la vie. *Et depuis quand*, dit Buonaparte en colère, *êtes-vous devenu si avare du sang des Bourbons?* (1)

On a voulu excuser le conseil de guerre qui a condamné à mort M. le duc d'Enghien. C'étoient, dit-on, des militaires qui ne pouvoient qu'obéir. Les militaires doivent sans doute une obéissance passive, quand il s'agit de leurs devoirs comme militaires; mais à Vincennes, ils étoient des juges; ils ne devoient suivre que leur conscience, et la conscience d'un honnête homme lui défend de condamner un innocent. Les militaires

---

(1) Cambacérès a voté la mort du roi; mais on doit à la vérité de dire qu'au moyen de la condition qu'il attacha à son vote, sa voix, dans le recensement, ne compta pas pour la mort. Il y a des nuances même dans les grands crimes. Nous ajouterons aussi que l'appel au peuple étoit un moyen proposé par ceux qui désiraient sauver le roi, et qu'il vota contre.

Avant son départ de Paris, Buonaparte disait au même Cambacérès : *On parle beaucoup des Bourbons; comment ferez-vous, vous qui avez voté la mort de Louis XVI?*

sont accoutumés; par état, à affronter les dangers, à braver la mort : les juges de M. le duc d'Enghien sont sans nulle excuse.

Quand un maître au sujet prescrit des attentats,
L'on présente sa tête, et l'on n'obéit pas.

M. l'abbé de Bouvens, qui a prononcé en Angleterre l'oraison funèbre de monseigneur le duc d'Enghien, s'est trompé en prétendant que l'exécution de cet horrible attentat fut confiée à des étrangers. Il faut le dire pour la vérité de l'histoire et pour la honte éternelle de la France, le crime fut consommé par des gendarmes d'élite, nés dans le même sol qui avoit produit les Robespierre, les Carrier, les Lebon, les Barrère, et tant d'autres monstres que la génération actuelle n'ose avouer, et dont la postérité révoquera en doute l'existence.

Voici à ce sujet une anecdote précieuse à recueillir : M. N***. officier de ces gendarmes d'élite, fut averti dans la nuit pour aller commander le détachement destiné pour Vincennes. Ce militaire avoit été élevé dans la maison de Condé, et n'en avait pas entièrement perdu la mémoire; il arrive, et apprend l'odieuse commission dont il est chargé. Le jeune prince l'aperçoit, le reconnoît, et lui témoigne sa joie de le revoir. Celui-ci baisse la tête, et ne sait que pleurer..On quitte ce repaire d'assassins, l'on descend dans le fossé par un escalier étroit, obscur et tortueux. Le prince se retourne vers l'officier, et lui dit : « Est-» ce que l'on veut me plonger tout vivant dans un » cachot? Suis-je destiné à périr dans les oubliettes? » » Non, monseigneur, lui répond N*** en sanglottant; » soyez tranquille. » On continue la marche, et l'on arrive au lieu du massacre. Le jeune prince voit tout cet appareil et s'écrie : « Ah! grâce au ciel, je mourrai » de la mort d'un soldat. »

Ce N*** n'étoit pas le seul individu ayant eu des obligations à la maison de Condé, que le hasard rendoit témoin de cette catastrophe. La femme du commandant de Vincennes, de laquelle nous avons déjà parlé, avoit été élevée par les soins de ces princes; elle avoit donnée des marques de la plus vive douleur à l'arrivée de monseigneur le duc d'Enghien. Son effroi redoubla quand elle le vit passer pour aller à la mort : *Sois tranquille*, lui dit son mari, *le bruit que tu vas entendre n'est que pour t'effrayer*. Ce commandant est celui qui dénonça Cérachi, Aréna, Topino-le-Brun; et pour récompense, il eut le commandement de Vincennes.

Aussitôt après la lecture du jugement, le malheureux prince demanda un ministre de la religion pour remplir ses derniers devoirs. Un sourire insultant et presque général accompagna la réponse que lui fit un de ces misérables, et dont voici les termes : « Est-ce » que tu veux mourir comme un capucin ? Tu demandes » un prêtre, bah ! ils sont tous couchés à cette heure- » ci. » Le prince indigné ne profère pas un mot, s'agenouille, élève son âme à Dieu, et après un moment de recueillement, se relève, et dit : « Marchons. »

Murat et Savary étoient présens à l'exécution; le premier, beau-frère, et l'autre, aide-de-camp de Buonaparte. En allant à la mort, monseigneur le duc d'Enghien désira qu'on remît à une personne qui lui étoit extrêmement chère, une tresse de cheveux, une lettre et un anneau. Un soldat s'en étoit chargé. Savary s'en aperçoit, les saisit en s'écriant : « Personne ne doit » faire ici les commissions d'un traître. »

Au moment d'être frappé, monseigneur le duc d'Enghien, debout, et de l'air le plus intrépide, dit aux gendarmes : « Allons, mes amis. » « Tu n'as point » d'amis ici, » dit une voix insolente et féroce. C'étoit celle de Murat.

Il fut à l'instant fusillé dans la partie orientale des fossés du château, à l'entrée d'un petit jardin.

Les soldats se jetèrent sur lui, le fouillèrent, et s'emparèrent de deux montres, qu'Hulin regretta, prétendant qu'on eût mieux fait de les donner aux pauvres. On le jeta de suite tout habillé dans un fossé creusé la veille, pendant qu'il soupoit, à huit heures du soir; la pelle et la pioche avoient été empruntées à l'un des gardes de la forêt.

Ainsi fut égorgé, à la fleur de son âge, au milieu de la plus illustre carrière, un prince, un héros couvert de gloire, comblé de tous les dons de la nature, doué des qualités les plus brillantes et des vertus les plus aimables; le modèle des guerriers, l'honneur de la noblesse, l'ornement, l'apui, l'orgueil, l'espoir de sa famille, l'amour et l'admiration de l'Europe, en un mot, le digne rejeton du Grand-Condé.

Il ne faut pas négliger de transmettre à la mémoire un trait qui caractérise parfaitement l'ineptie et la férocité de la plupart de ceux qui trempèrent dans cet horrible assassinat.

Le lendemain de l'exécution, Hulin, président de la commission militaire, se trouvoit chez Cambacérès, et rendoit compte de l'évènement de la veille. Après avoir confessé hautement que le prince étoit mort avec beaucoup de courage, il ajouta : « Ses réponses ont été fort » simples; mais heureusement il nous a dit son nom; » car ma foi, sans cela, nous auriens été bien embarrassés. » Voilà ce qui a été entendu et rapporté par trente-cinq personnes.

L'aveu échappé à ce misérable Hulin est d'autant plus remarquable, d'autant plus vrai, qu'on n'avoit pas saisi une seule preuve, pas trouvé un seul papier, ni chez monseigneur le duc d'Enghien, ni chez aucun de ceux qui furent arrêtés à la même époque au-delà du Rhin, huit jours avant l'irruption nocturne dont il s'agit. l'enlèvement de madame de Reich, arrêtée à Offenbourg, avoit averti tous les malheureux réfugiés français, du danger qui les menaçait; la plupart avoient fui. Monseigneur le duc d'Enghien, dont la belle âme ne pouvoit pas soupçonner un crime, avoit dédaigné de prendre une précaution qui eût ressemblé à de la timidité. La veille même, un espion du traître Caulaincourt avoit été surpris à Ettenheim, et amené devant le prince, qui l'avoit fait généreusement relâcher. C'est ainsi qu'il fut la victime de la sécurité qu'inspire aux grandes âmes l'innocence accompagnée du vrai courage.

Ce n'est pas seulement à Londres que la memoire de cet infortuné prince a été honorée par des cérémonies religieuses ; on a aussi célébré à Saint-Pétersbourg un service où le cénotaphe portoit l'inscription suivante :

INCLYTO PRINCIPI
LUDOVICO-ANTONIO-HENRICO
BORBONIO CONDÆO DUCI D'ENGHIEN
NON MINUS PROPRIA ET AVITA VIRTUTE
QUAM SORTE FUNESTA CLARO,
QUEM DEVORAVIT BELLUA CORSICA,
EUROPÆ TERROR,
ET TOTIUS HUMANI GENERI LUES.

Au grand et magnanime Prince
Louis-Antoine-Henri
Bourbon-Condé, duc d'Enghien,
Non moins recommandable
Par sa valeur personnelle, et celle de ses ancêtres
Que par sa mort funeste :
Un monstre Corse,
La terreur de l'Europe,
Le fléau du genre humain,
L'a dévoré à la fleur de son âge.

Ce qu'on vient de lire sous le titre d'*Anecdotes*, a été imprimé presqu'entièrement en 1804 ; mais le public le connoît à peine, l'édition ayant été saisie au moment où les premiers exemplaires se répandoient. Il est inutile de dire par quelle malheureuse imprudence la police fut mise sur les traces de cet ouvrage. On arrêta une vertueuse Carmélite, nommée madame Lemaître ; elle fut conduite aux Madelonnettes, où elle est morte après six années de détention. Tout son crime était d'avoir été trouvée dépositaire de quelques exemplaires de cet écrit. M. l'abbé Lequien de la Neuville fut arrêté à la même époque, et pour la même cause. Il a été renfermé dans différentes prisons, jusqu'à l'arrivée des alliés : c'est à eux qu'il doit sa liberté. Il pouvoit, sans doute, la recouvrer plutôt, et madame Lemaître pouvoit aussi ne pas mourir dans les prisons; il suffisoit de nommer les personnes qui avoient agi avec eux : mais la religion donne le véritable courage, et la police ne put rien arracher du secret dont ils étoient dépositaires. C'est à leur fermeté que l'éditeur de ces anecdotes doit la vie.

Voilà comment Buonaparte traitoit les partisans de la Maison de Bourbons; voilà à quoi nous étions exposés en France. Le gouvernement actuel a d'autres principes et une autre conduite; il faut lui en savoir gré, sans doute; mais ne seroit-il pas à désirer qu'il montrât moins de confiance, une sécurité moins entière? Nous sommes sur un volcan : *incedo per ignes*. Devroit-on voir à Paris un Molé, dont le nom n'a plus besoin d'épithète? un Montalivet, à qui on a donné celle de *monte au gibet*? un Costaz qui porte l'ignominie sur la figure? un Boulay (de la Meurthe), dont l'histoire consignera dans ses fastes le caractère atroce? un Fiévée, qui est le vice même? un Etienne (1), le chef de la *police-litté-*

---

(1) Il recevait 60,000 fr. par an, pour opprimer les gens de lettres. Tout Paris a connu l'effronterie de cet homme, qui n'a pas rougi d'insérer une fausse nouvelle sur l'affaire de Brienne dans le journal de l'Empire, pour faire applaudir, par ses *agens*, ce ridicule opéra de l'*Oriflamme*. C'est encore par ses *agens* qu'il fit applaudir cette misérable pièce l'*Intrigante*. Savary le servit très-chaudement dans cette circonstance : tel valet, tel maître! C'est ce même Etienne qui a écrit les articles injurieux sur le prince royal de Suède (Charles Jean), dans le même

raire, sous Savary? un Malte-Brun (1), *Danois banni*, le plus épouvantable suppôt de la police secrète de ce ministre, etc. Méchain a, dit-on, quitté aussi le Calvados. Vient-il compter des quinze millions d'impôts arbitraires levés par ses ordres? vient-il nous apprendre pourquoi on alloit, dans ce département, à la chasse aux conscrits? pourquoi des enfans de dix-huit ans ont été massacrés sous le lit de leur mère (à Annebault), et jetés sans sépulture sur un fumier (2)? Qu'on éloigne

---

journal. L'Académie française ne fera-t-elle point justice de ce forban littéraire!!! Au reste,

> Quelques titres honteux qu'*au Parnasse* on lui donne,
> Son misérable honneur ne voit pour lui personne.

(1) Gazetier sans honte et sans pudeur, cosaque littéraire; bonnet rouge déguisé sous la cocarde blanche; chassé de l'armée, où il fut envoyé comme espion de Savary, chassé du journal des Débats. Il a inséré deux plats articles, dans ce même journal, sous le titre de *Lettres écrites de l'armée;* il est également auteur de plusieurs articles injurieux sur le prince royal de Suède. Un homme de lettres lui disait: Si le prince vient à Paris, il vous fera pendre.—*Je ferai un article pour lui.*

Vous verrez cet étranger prendre tous les masques, jouer tous les rôles; il sera tour-à-tour jacobin, royaliste, etc., s'il y a de l'argent à gagner.

(2) Dans le Calvados, on avoit levé l'étendard contre Buonaparte; les paroisses de Danestal, Glanville, Cresseveulle, Annebault, etc., étoient en pleine insurrection, et les conscrits s'y rassembloient au cri de *vive le Roi.* Un gendarme, qui avoit arrêté un conscrit, fut tué d'un coup de fusil parti du milieu d'un rassemblement de quarante de ces enfans. Ils avoient unanimement déclaré qu'ils refusoient toute obéissance au tyran, et qu'ils périroient, s'il le falloit, les armes à la main. *Du moins*, disoient-ils, *nous serons enterrés à côté de nos*

de Paris une douzaine de ces êtres dangereux qui se montrent publiquement, et les inquiétudes des gens honnêtes se calmeront; leur présence fait craindre le retour de leur maître; et l'on se demande, avec raison, ce qu'ils font ici, où les choses qui se passent doivent les affliger profondément. Ils nous mettoient dans d'obscures prisons : seroit-ce se montrer trop sévères que de les engager à se rendre dans leurs châteaux?

S'ils y étoient fixés, verroit-on ces rassemblemens sans prétextes? Le pain est au plus bas prix; il y a un an il valoit dix sous la livre et tout étoit calme. Ces groupes sinistres sont donc l'ouvrage de la malveillance, ils sont payés à prix d'or (1), et l'on sait que ce ne sont pas les royalistes qui ont l'or aujourd'hui; ils n'ont pas même les places, et voilà peut-être ce qu'il y a de fâcheux pour la tranquillité publique. Sans doute personne ne pense plus à Buonaparte : sa lâcheté la déshonoré, et les troupes elles-mêmes le méprisent; mais les républicains, les croit-on abattus? Ils ont aujourd'hui plus d'espérances que jamais, et ils ne s'en cachent pas. Toute la cour de Buonaparte s'est ralliée à

---

parens. C'est ainsi que la Vendée avoit pris naissance à la voix d'un charretier nommé Cathelineau. Mechain *dont les mesures*, ainsi qu'il le déclaroit, *ne sont pas comminatoires*, a ruiné ces communes. Il ne reste, aux habitans, que l'honneur de leur résistance et d'avoir été les premiers à donner à la France un bel exemple.

(1) Pourquoi dit-on tout haut, à Paris, que Savary est le propriétaire des *maisons de jeux*, sous le nom d'un nommé Bernard? Ce misérable Savary touche, par mois, 150,000 fr. de bénéfice. C'est avec cet argent que lui et ses *agens* soudoient la populace.

eux. C'est pour la république que ces Messieurs travaillent. Ils renoncent à leurs titres de ducs et de comtes; ils vont reprendre les noms de Brutus et de Publicola, et changer leurs cordons contre le bonnet rouge. On les entend déjà faire amende honorable; et la cour de Scipion-Duroure, depuis quelque temps, devient très-nombreuse. Les *gens prudens* commencent à se faire écrire chez lui.

Lettre de M. le comte de Lauraguais, aujourd'hui duc de Brancans, à M. le duc d'Uzès.

Paris, le 16 avril 1814.

Monsieur le duc, ayant su d'une manière certaine que vous comptiez, le 14 de ce mois, inviter les ducs et pairs à se réunir le 16 chez M. le duc de Mortemart, voici ce que j'aurois eu l'honneur de leur dire, et la protestation que je leur aurois proposé de signer. Les circonstances ayant changé ce projet, et non pas mes principes, je vous prie, en votre qualité de premier pair de France, d'en accepter le témoignage, et de le conserver pour servir au besoin.

Signé le duc DE BRANCAS.

DISCOURS ET PROTESTATION.

Etant nés ducs et pairs de France, je pense qu'en l'absence du Roi, le seul acte que nous puissions faire de nos droits monarchiques, est de protester contre la constitution intitulée : *Extrait des registres du Sénat conservateur du mercredi 6 avril* 1814.

1°. Parce que le sénat étant l'œuvre de son empereur Buonaparte, il perdit son existence dès que la sienne succomba sous les armes des alliés.

2°. Parce que le premier article de cette constitution est détruit par le second. En effet le 1er déclare que *le gouvernement français est monarchique et héréditaire de mâle en mâle par ordre de progéniture*, et cependant le sénat oubliant que Louis XVIII doit par conséqnent monter sur le trône comme l'héritier et le successeur de trente-trois générations royales, il y fait appeler librement par le peuple français, Louis Stanislas Xavier, frère du dernier roi, comme si la déplorable mort de Louis XVII n'apprenoit pas qu'il auroit dû régner : comme si le sénat pouvoit ignorer qu'avant d'avoir prononcé le nom de Louis XVIII, la plupart des grandes villes de la France s'étoient déjà rendues à lui; comme s'il pouvoit méconnoître que depuis la publication de la constitution dans laquelle il ne veut pas nommer roi, Louis XVIII, les villes de Rouen et d'Amiens ne se sont pas moins rendues à Louis XVIII.

3°. Parce que les sénateurs, en se déclarant nobles, dégradent la noblesse, et qu'ils anéantissent les droits et les honneurs des pairs du royaume en les rendant susceptibles de partager ceux qu'ils s'arrogent.

4°. Parce que le 7me article qui porte que *les princes de la famille royale et les princes du sang, sout de droit membres du sénat*, insulte la nation, ses lois et ses mœurs.

Le soussigné propose aux ducs et pairs ci-présents, de signer cette protestation, et dans le cas de refus de leur part, de la recevoir comme lui étant personnelle.

Signé le duc de Brancas.

FIN.

www.ingramcontent.com/pod-product-compliance
Ingram Content Group UK Ltd.
Pitfield, Milton Keynes, MK11 3LW, UK
UKHW031957260826
14628UKWH00005B/2115

9 782013 364911